Impressum
Verlag: BABADADA GmbH, Nedderfeld 112 , 22529 Hamburg
Geschäftsführer / Verlagsleitung: Harald Hof
Druck: Books on Demand GmbH, In de Tarpen 42, 22848 Norderstedt

Imprint
Publisher: BABADADA GmbH, Nedderfeld 112 , 22529 Hamburg, Germany
Managing Director / Publishing direction: Harald Hof
Print: Books on Demand GmbH, In de Tarpen 42, 22848 Norderstedt, Germany

escola

škola

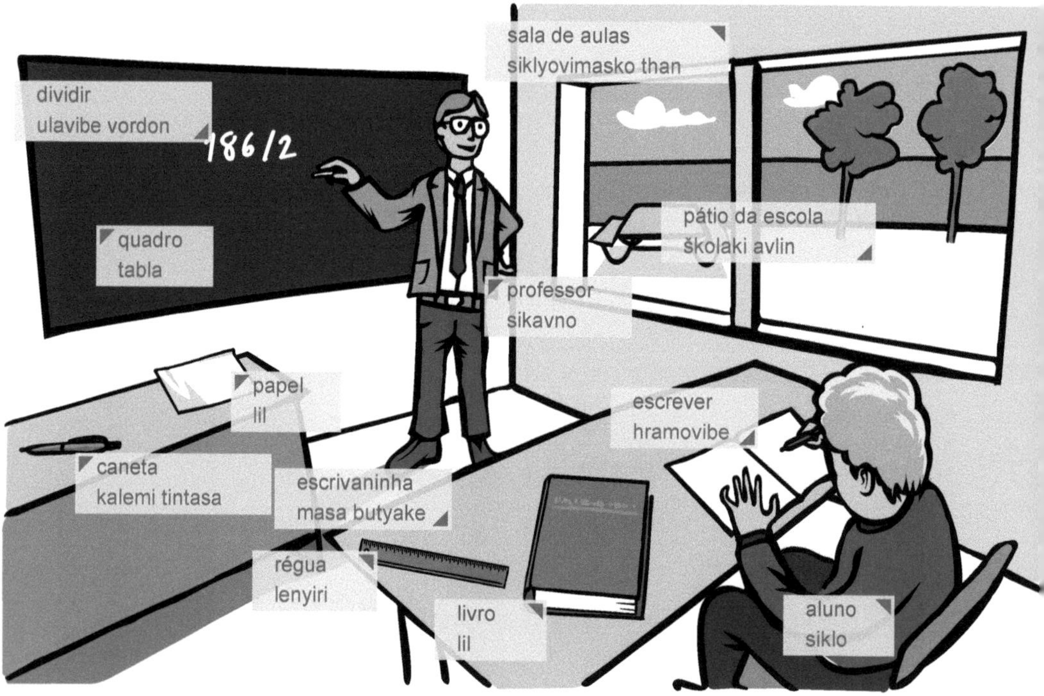
sala de aulas
siklyovimasko than
dividir
ulavibe vordon
186/2
quadro
tabla
pátio da escola
školaki avlin
professor
sikavno
papel
lil
escrever
hramovibe
caneta
kalemi tintasa
escrivaninha
masa butyake
régua
lenyiri
livro
lil
aluno
siklo

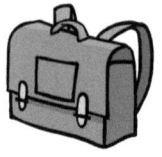

sacola

dumeski tašna

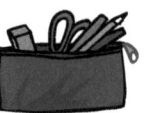

estojo de lápis

kalemengi kutia

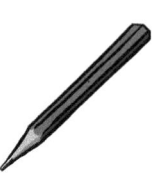

lápis

kalemi

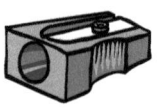

apontador de lápis

kalemengi čhurori

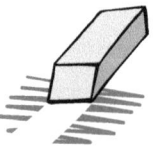

borracha

kosimaski guma

bloco de desenho

čitrimasko bloko

desenho

čitribe

pincel

boyimaski frča

estojo de tintas

boyimaski kutia

tesoura

kata

cola

lepako

livro de exercícios

bukjardarimasko lil

lição de casa

khereski buti

número

gendo

2+2

somar

džide

5-2

subtrair

ikal

multiplicar

multiplicirin

calcular

kalkulirin

letra

hramome lil

alfabeto

alfabeta

palavra

lafo

texto

teksti

ler

drabaribe

giz

kreda

hora

lekciya

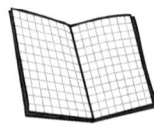

registro da classe

Klasesko registro

exame

egzameni

certificado

sertifikato

uniforme escolar

školaki uniforma

educação

edukacia

enciclopédia

enciklopedia

universidade

univerziteto

microscópio

mikroskopo

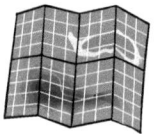

mapa

mapa

cesto de lixo

korpa čhudimaske lila

viagem
dromaripe

hotel
hoteli
Grand
albergue
Lačhi blevel!
casa de câmbio
biro baši devize
mala
koferi
carro
vordon

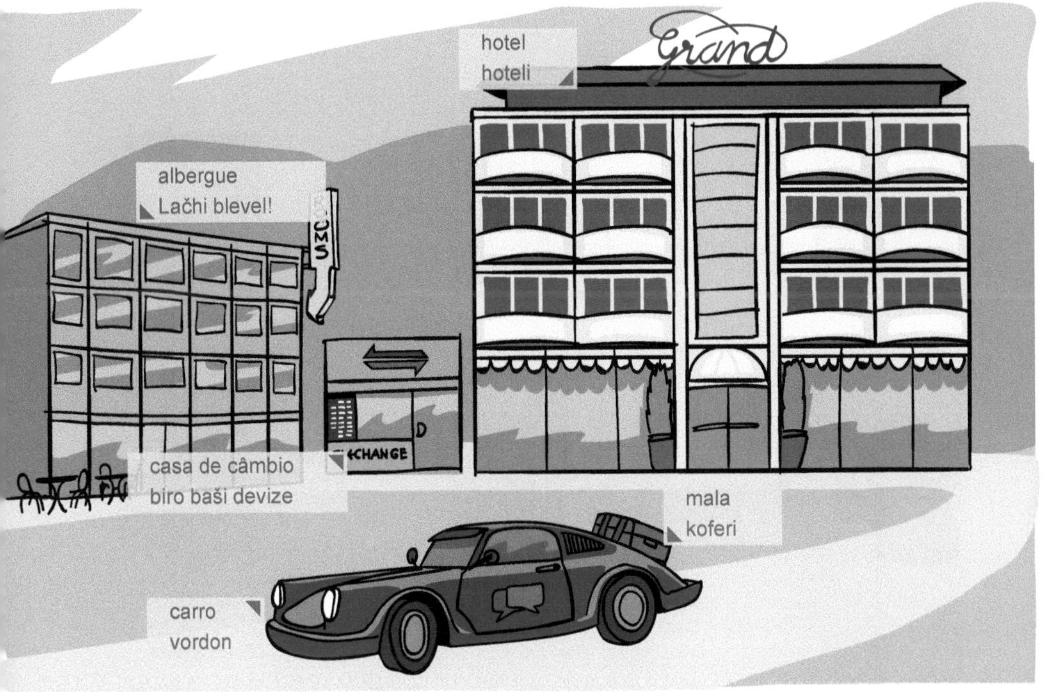

idioma

ćhib

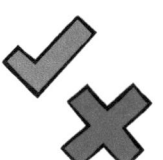

sim / não

va / na

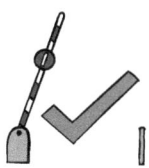

ok

Okay

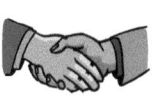

Olá

Namaste

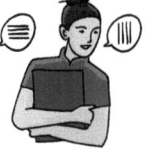

tradutor

tumači

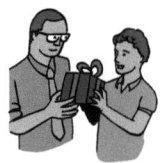

obrigado

Ov sasto

quanto custa...?

Kozom si...?

eu não entendo

Na havava

problema

problemo

boa noite!

Lačhi rat!

Bom dia!

Lačhi javin!

Boa noite!

Lačhi rat!

até logo

ačhon Devlesa

direção

dromeski sikavin

bagagem

bagaži

bolsa

gono

mochila

dumesko gono

convidado

misafiri

quarto

kamara

saco de dormir

sovimasko gono

barraca

cerha

informação turística

turistikani informacia

praia

plaža

cartão de crédito

kreditno kartica

café da manhã

javinako habe

almoço

kušluko

jantar

ratyako habe

bilhete

karta

elevador

elevatori

selo

marka

fronteira

simantra

alfândega

adetia

embaixada

ambasada

visto

viza

passaporte

pašaporti

transporte
transporti

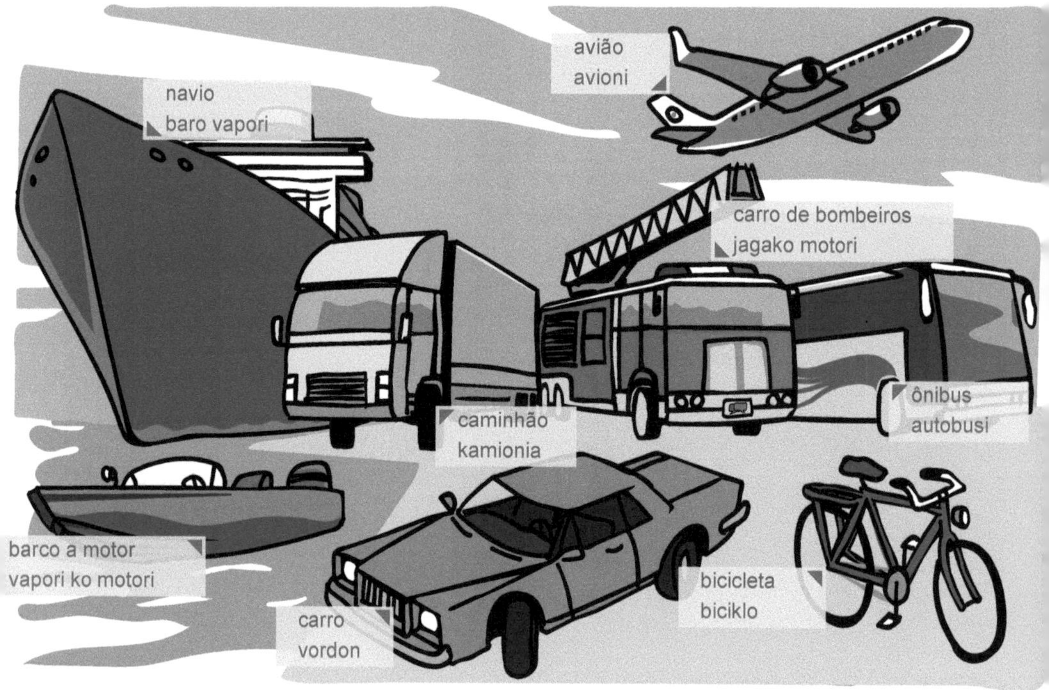

navio
baro vapori
avião
avioni
carro de bombeiros
jagako motori
caminhão
kamionia
ônibus
autobusi
barco a motor
vapori ko motori
carro
vordon
bicicleta
biciklo

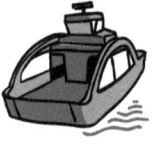

balsa

feri vapori

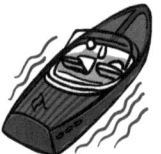

barco

vapori

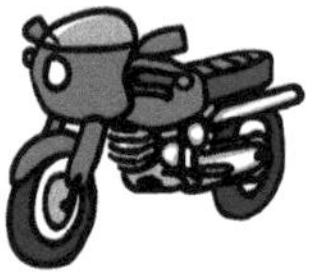

motocicleta

motorciklo

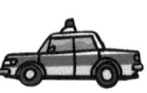

veículo policial

policiako vordon

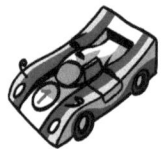

carro de corrida

prastamasko vordon

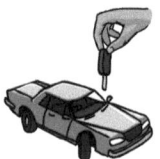

carro de aluguel

rentakar

compartilhamento de
automóvel
ulavibe vordon

caminhão de reboque
....
rumosardo kamioni

caminhão de lixo
....
kamionengo than

motor
....
motori

combustível
....
petroli

posto de gasolina
....
petrolesko stasioni

placa de trânsito
....
trafikoskere išaretia

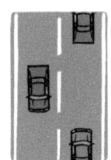

trânsito
....
trafiko

trânsito lento
....
baro trafiko

estacionamento
....
vordonesko parkirimasko
than

estação de trem
....
pampurengo stasioni

trilhos
....
kamionia

trem
....
pampuri

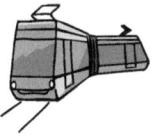

bonde
....
tramvaj

vagão
....
vagoni

transporte - transporti

helicóptero
helikopteri

aeroporto
aeroporti

torre
kula

passageiro
dromarutno

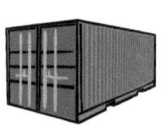

contêiner
kontejneri

cartolina
kartoni

carroça
vordonoro

cesto
sevli

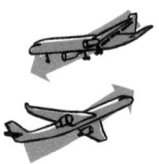

decolar / pousar
urjalipasko starto /
urjalipasko agor

cidade

diz

vilarejo
gav

centro da cidade
dizyako centro

casa
kher

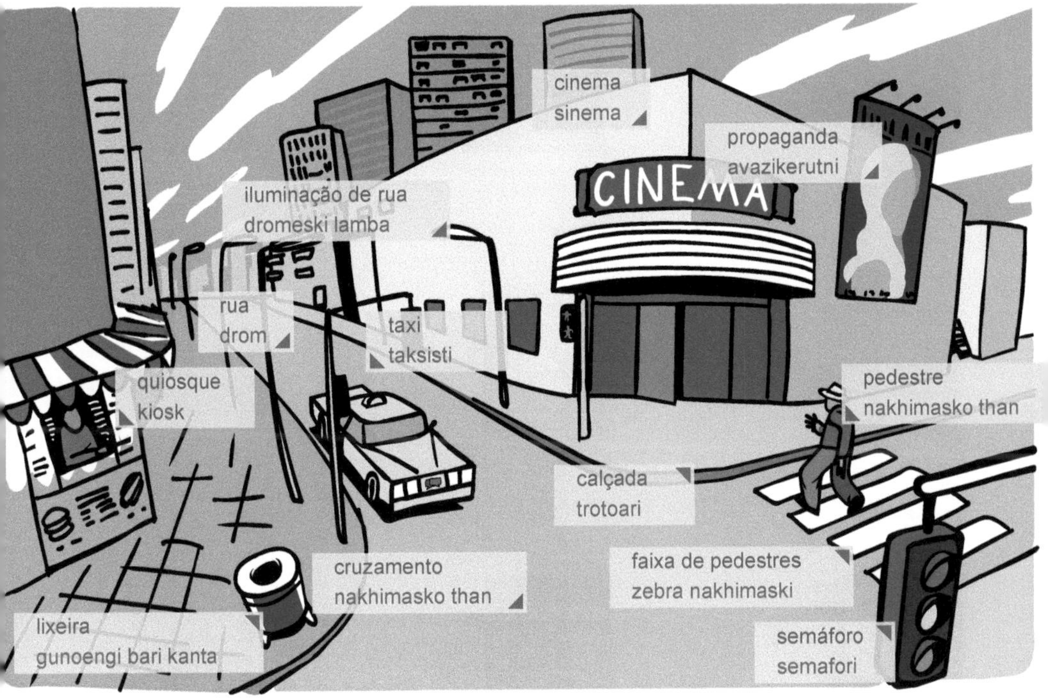

cinema
sinema

propaganda
avazikerutni

iluminação de rua
dromeski lamba

CINEMA

rua
drom

taxi
taksisti

quiosque
kiosk

pedestre
nakhimasko than

calçada
trotoari

cruzamento
nakhimasko than

faixa de pedestres
zebra nakhimaski

lixeira
gunoengi bari kanta

semáforo
semafori

cabana
koliba

apartamento
apartmani

estação de trem
pampurengo stasioni

prefeitura
dizyaki sala

museu
muzeji

escola
škola

universidade

univerziteto

banco

banka

hospital

hospitalo

hotel

hoteli

farmácia

apoteka

escritório

ofiso

livraria

lil bikinimasko than

loja

dukyano

floricultura

lulugengo bikinutno

supermercado

supermarket

mercado

kurko

loja de departamentos

baro bikinimasko kher

peixaria

mačhengo astarutno

centro comercial

kinimasko centro

porto

vaporengo ačhovimasko than

parque

parko

banco

klupa

ponte

purt

escadas

merdevenya

metrô

metro stasioni

túnel

tuneli

ponto de ônibus

autobuseski adžikerin

bar

bar

restaurante

restorani

caixa de correspondência

poštako mohto

placa de rua

dromesko išareti

parquímetro

parking than

zoológico

zoo

piscina

nangyovimasko bazeni

mesquita

džamiya

fazenda
farma

poluição
melalipe

cemitério
limorengo than

igreja
khangeri

parquinho
khelimasko than

templo
hramo

paisagem
pejzaži

folha
patrin

placa de sinalização
išareti

caminho
drom

gramado
livazin

pedra
bar

caminhantes
phiravno

árvore
kašt

rio
len

grama
čar

flor
luludi

vale

harno than

montanha

bairi

lago

devrijal

floresta

veš

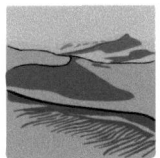

deserto

mulano than

vulcão

vulkano

castelo

saraji

arco-íris

renkali badalin

cogumelo

gaba

palmeira

palma kašt

mosquito

sivrija

mosca

mak

formiga

karandža

abelha

birumni

aranha

pauko

besouro

buba

sapo

žamba

esquilo

ververica

ouriço

kanzauri

lebre

šošoj

coruja

buf

pássaro

pakšin

cisne

lebedi

javali

bali

veado

eleno

alce

eleno

barragem

pani garavin

aerogerador

bavlalaki turbina

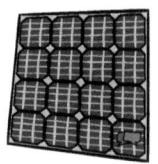

painel solar

solarno paneli

clima

klima

restaurante
restorani

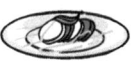

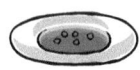

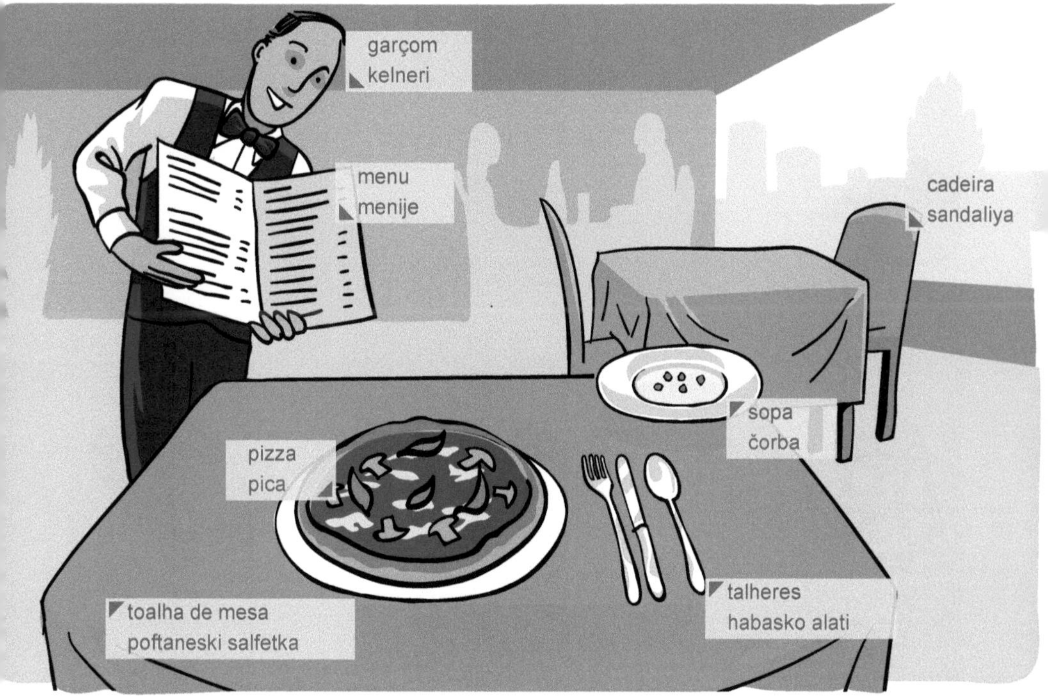
garçom
kelneri
menu
menije
cadeira
sandaliya
sopa
čorba
pizza
pica
toalha de mesa
poftaneski salfetka
talheres
habasko alati

entrada
avgo habe

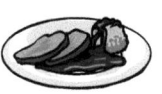

prato principal
šerutno habe

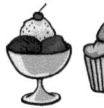

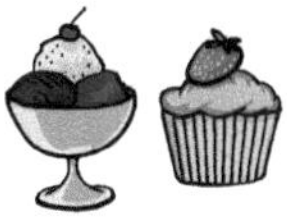

sobremesa
gudlimata

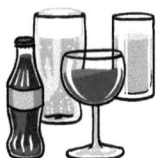

bebidas
piiba

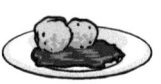

comida
habe

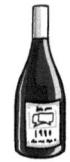

garrafa
šiša

fastfood
fast food

comida de rua
sokakongo habe

bule de chá
čajniko

açucareiro
šekereskoro čaroro

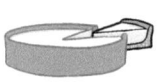

porção
porcia

máquina de expresso
makina vaš espresso

cadeirão
uči sandaliya

conta
esapi

bandeja
apladiya

faca
čhuri

garfo
vilyuška

colher
roj

colher de chá
čajeski roj

guardanapo
salfetka

copo
tahtai

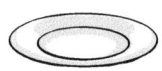

prato
çaro

prato de sopa
çaro çorbake

pires
hor çaro

molho
sosi

saleiro
londesko çaroro

moedor de pimenta
kale biberesko pišlo

vinagre
šut

óleo
zejtini

especiarias
začinia

ketchup
kečap

mostarda
senf

maionese
majonezi

supermercado
supermarket

oferta especial
specialno oferta
FOR
cliente
mušteriya
laticínios
thudeske butya
frutas
emiši
carrinho de compras
vordonoro

BUTCHERS

açougue

kasapi

BAKERY

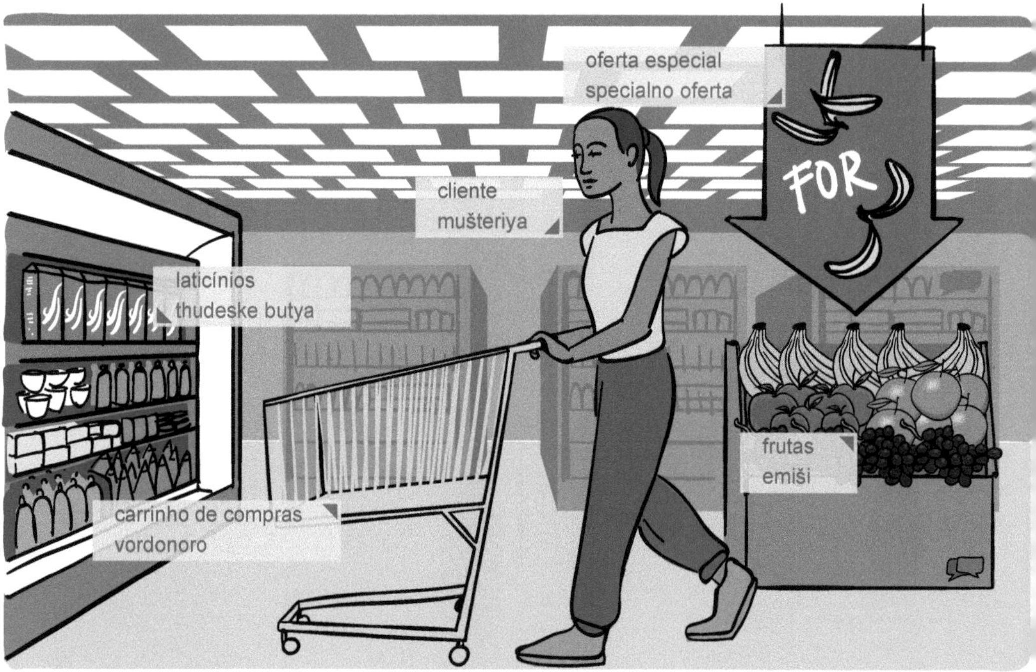

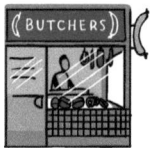

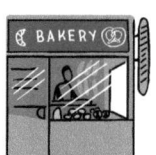

padaria

furuna

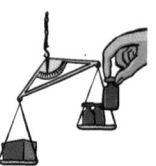

pesar

ladavipe

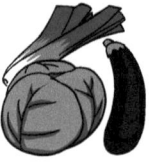

legumes

zarzavati

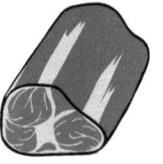

carne

masesko rolati

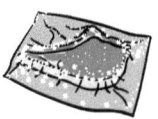

congelados

pahome habe

charcutaria

šudro mas

conservas

konzerva

detergente em pó

thovimasko prašako

doces

gudlimata

artigos domésticos

khereske butya

produtos de limpeza

užarimaske butya

vendedora

bikinutno

caixa

kasapi

caixa

kasieri

lista de compras

kinimaski patrin

horário de funcionamento

putarimaske satura

carteira

lovengi tašna

cartão de crédito

kreditno kartica

sacola

gono

saco plástico

plastikano gono

água
pani

suco
džus

leite
thud

coca-cola
kola

vinho
mol

cerveja
bira

álcool
alkohol

cacau
kakao

chá
čaj

café
kafa

expresso
espresso

cappuccino
cappuccino

banana

banana

maçã

phabaj

laranja

portokali

melão

kavuni

limão

limoni

cenoura

karota

alho

sir

bambu

bambusi

cebola

purum

cogumelo

gaba

nozes

akhora

macarrão

humereske butya

espaguete

špageti

arroz

rezo

salada

salata

batatas fritas

čipsi

batatas frias

peke kompiria

pizza

pica

hambúrger

hamburger

sanduíche

sendviči

escalope

kotleti

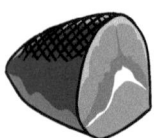

presunto

žamboni

salame

salama

salsicha

goja

galinha

khajnako mas

assado

peko

peixe

mačho

flocos de aveia

popara

granola

musli

flocos de milho

kornfleks

farinha

varo

croissant

kroasani

pãozinho

masesko rolati

pão

maro

torrada

tosti

biscoitos

biskotia

manteiga

puteri

requeijão

urda

bolo

torta

ovo

jaro

ovo frito

peke jare

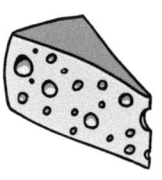

queijo

kiral

sorvete

šudro gudlo

açúcar

šekeri

mel

avgin

geleia

džem

creme de avelãs

čokoladaki krema

curry

kari

fazenda
farma

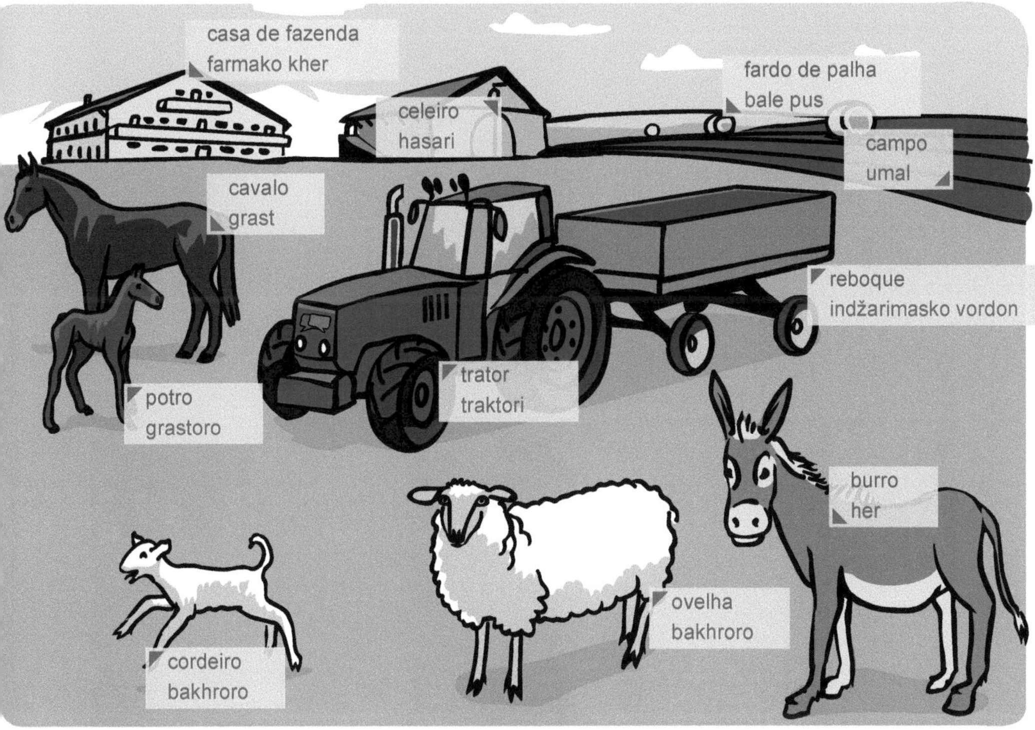
casa de fazenda
farmako kher
celeiro
hasari
fardo de palha
bale pus
campo
umal
cavalo
grast
reboque
indžarimasko vordon
trator
traktori
potro
grastoro
burro
her
ovelha
bakhroro
cordeiro
bakhroro

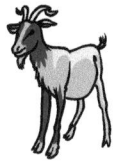

cabra

buzno

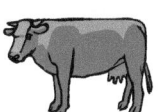

vaca

guruvni

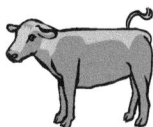

bezerro

guruvoro

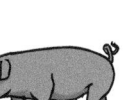

porco

balo

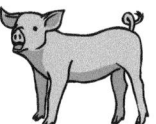

leitão

baloro

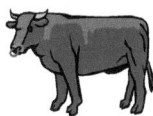

touro

guruv

ganso

papin

pato

payka

pintinho

pilička

galinha

khayni

galo

bašno

ratazana

baro germuso

gato

bilika

camundongo

germuso

boi

guruv

cachorro

džukel

casinha do cachorro

džukelesko kher

mangueira de jardim

žardina

regador

panyarimaski kanta

foice

aindžako kidimasko alati

arado

plugo

foice

srpo

enxada

motika

forquilha

aindžaki vilyuška

machado

tover

carrinho de mão

vordonoro phiravutno

manjedoura

balani

jarra de leite

thudeski šiša

saco

harari

cerca

trujalutni

estábulo

jahri

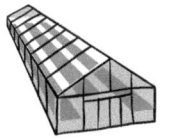

estufa

haryalo kher

solo

phuv

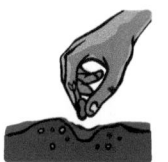

semente

seme

fertilizante

gyubre

colheitadeira

aindžako kidipe

colher

kidibe aindž

colheita

harmani

inhame

phuvaki phabaj

trigo

giv

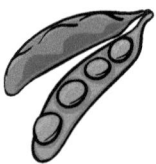

soja

soja

batata

kompiri

milho

mumuruzi

colza

šarlagani

árvore frutífera

emišengo kašt

mandioca

Kasava

cereais

giveskere javinlukoja

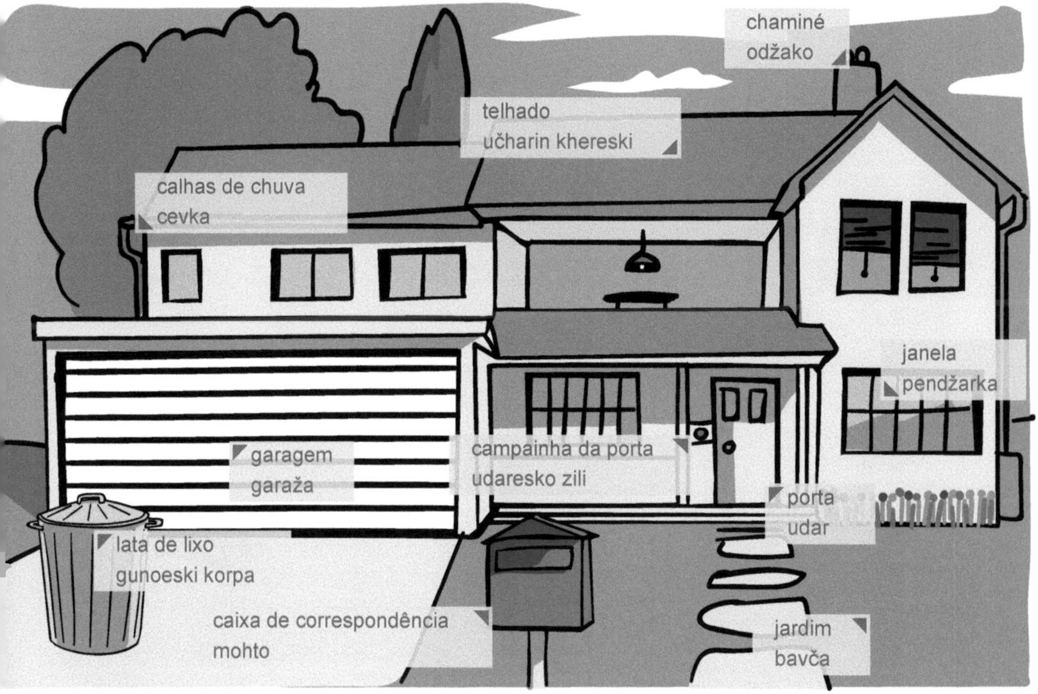

chaminé
odžako

telhado
učharin khereski

calhas de chuva
cevka

janela
pendžarka

garagem
garaža

campainha da porta
udaresko zili

porta
udar

lata de lixo
gunoeski korpa

caixa de correspondência
mohto

jardim
bavča

sala de estar
bešimaski kamara

banheiro
banya

cozinha
kujna

quarto de dormir
sovimasko than

quarto de criança
čhavengi kamara

sala de jantar
than hajbaske rakjako habe

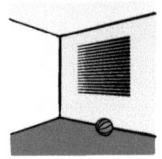

chão

kati

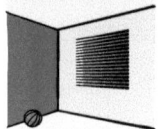

parede

duvari

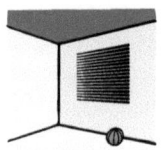

teto

tavano

porão

špajzi

sauna

sauna

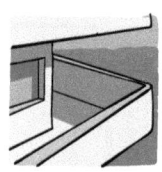

varanda

terasa

terraço

terasa

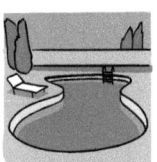

piscina

bazeni

cortador de grama

čar harnyarimaski makina

lençol

patrin

coberta

čaršafia

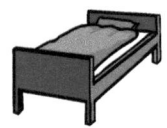

cama

kreveto

vassoura

šulavni

balde

korpa

interruptor

elektrikani phabarin

sala de estar
bešimaski kamara

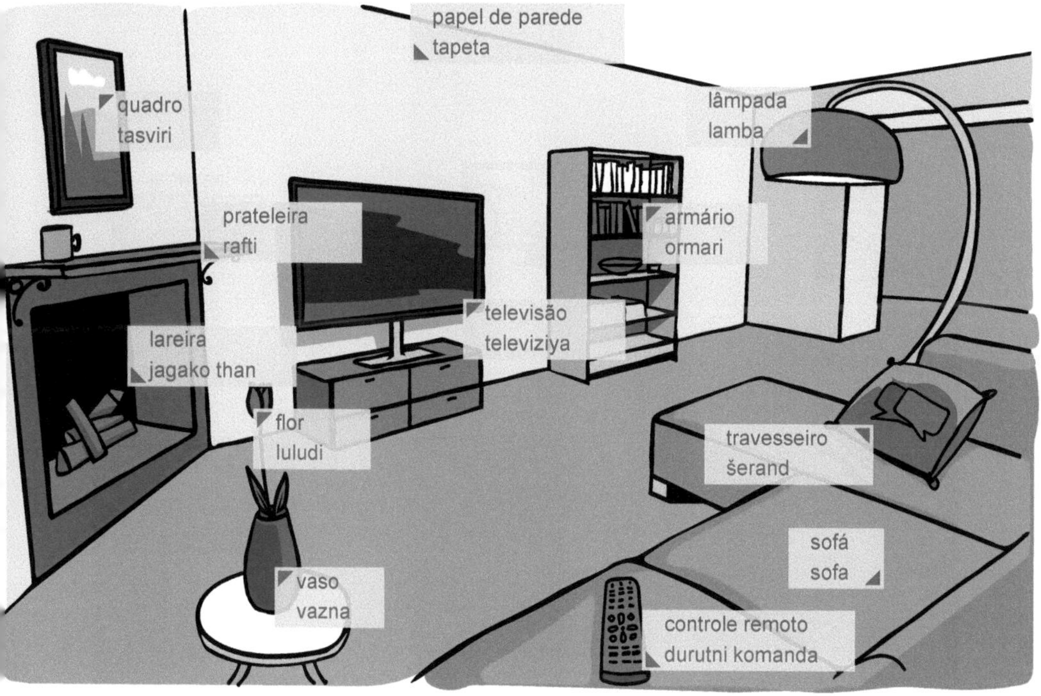

papel de parede
tapeta
quadro
tasviri
lâmpada
lamba
prateleira
rafti
armário
ormari
televisão
televiziya
lareira
jagako than
flor
luludi
travesseiro
šerand
sofá
sofa
vaso
vazna
controle remoto
durutni komanda

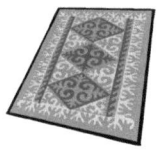

tapete

kilimi

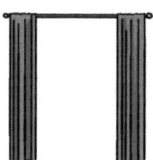

cortina

perde

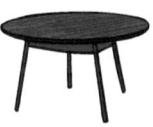

mesa

masa

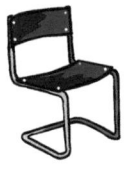

cadeira

sandaliya

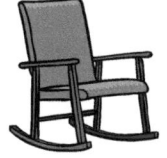

cadeira de balanço

kunajka sandaliya

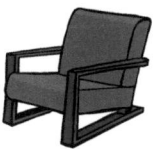

poltrona

fotelya

livro

lil

cobertor

kebe

decoração

dekoraciya

lenha

kašta phabarimaske

filme

filmi

equipamento de som

stereo ašunimaske butya

chave

nahtari

jornal

gazeta

pintura

frčaja bojakeribe

pôster

posteri

rádio

radio

bloco de notas

hramovimasko bloko

aspirador

elektrikani šulavni

cacto

kaktusi

vela

momoli

cozinha
kujna

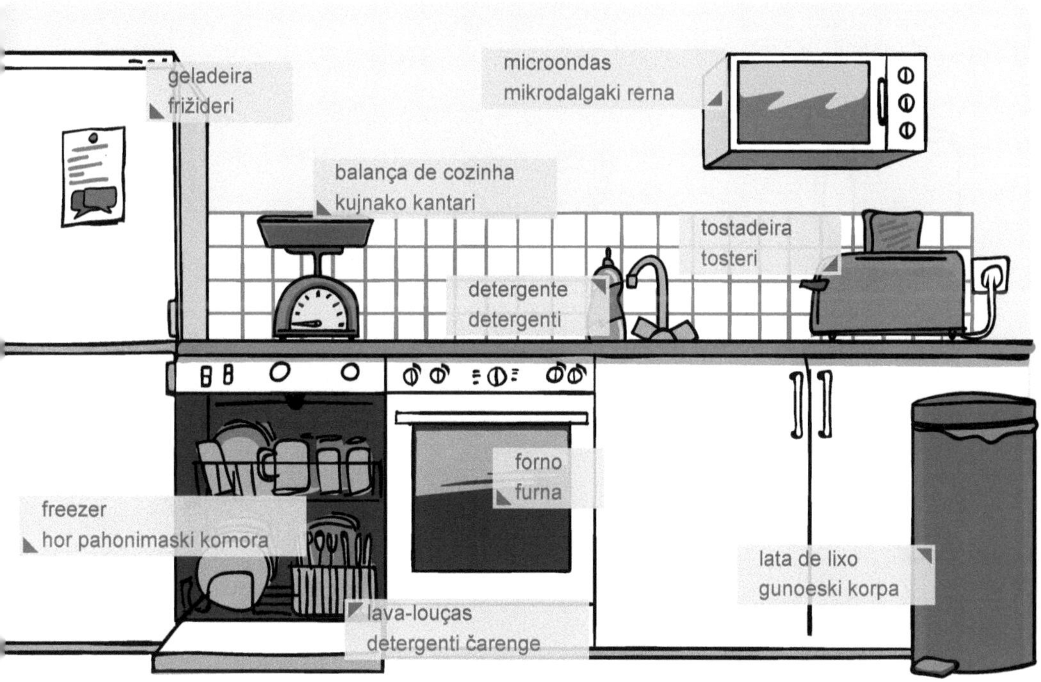

geladeira
frižideri
microondas
mikrodalgaki rerna
balança de cozinha
kujnako kantari
tostadeira
tosteri
detergente
detergenti
forno
furna
freezer
hor pahonimaski komora
lata de lixo
gunoeski korpa
lava-louças
detergenti čarenge

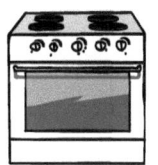

fogão

keravimasko than

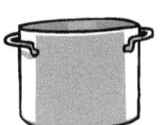

panela

čaro

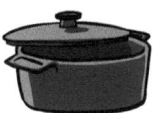

panela de ferro

sastrnali tendžera

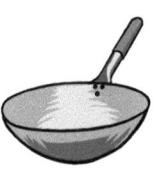

wok / kadai

vok cihani

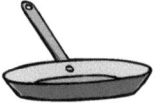

frigideira

tava

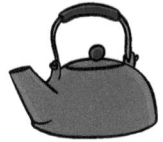

chaleira

elektrikano bokali

panela a vapor

tendžera ki para

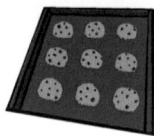

tabuleiro de forno

tepsija

louça

čare

caneca

bareder fildžano

caçarola

čaro

hashi

kinakere habaskere kaštore

concha de sopa

fioka

espátula

špatula

batedor

vastesko mikseri

escorredor

cedimasko čaro

peneira

porizen

ralador

rende

almofariz

avano

churrasqueira

skara

lareira

puteribe jag

tábua de cortar

čhinimaski tabla

rolo da massa

oklagia

saca-rolhas

puterimasko alati

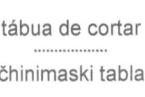

lata

konzerva

abridor de latas

konzervako puterutno

pegador de panela

čaresko ikerutno

pia

lavabo

escova

frča

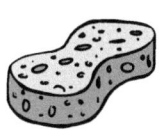

esponja

sungeri

liquidificador

mikseri

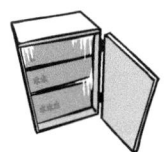

congelador

hor pahonimasko frižideri

mamadeira

bebeski šiša

torneira

češma

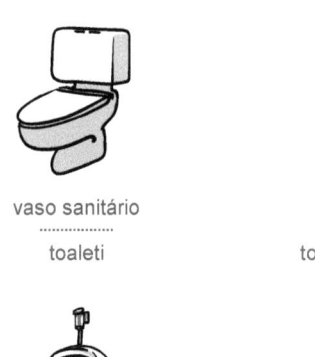

banheiro

banya

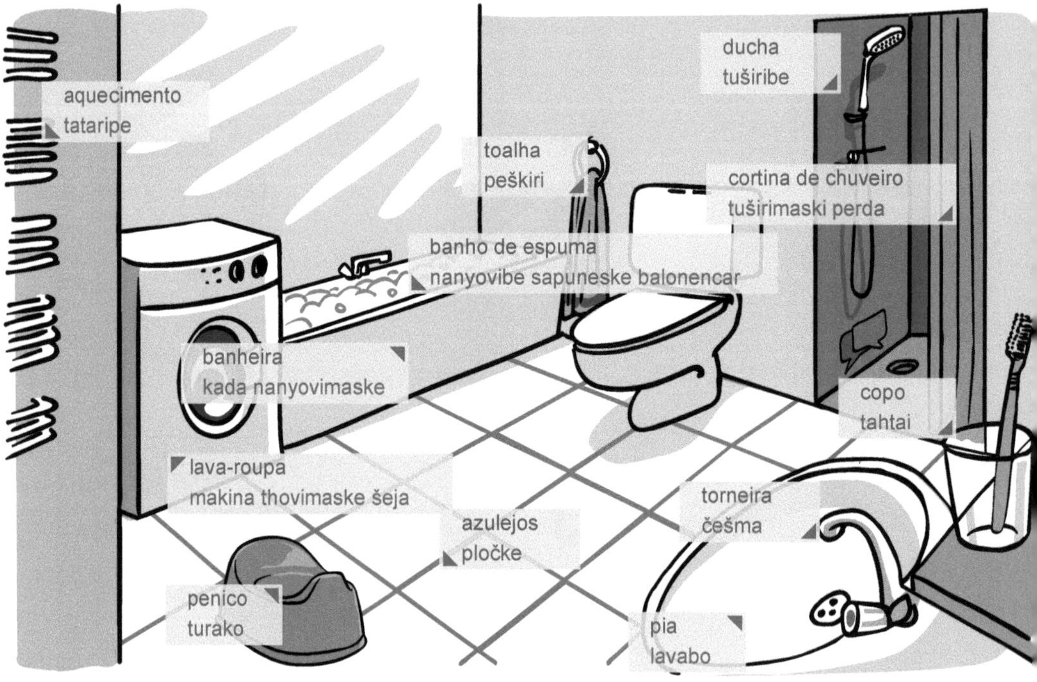

ducha
tuširibe
aquecimento
tataripe
toalha
peškiri
cortina de chuveiro
tuširimaski perda
banho de espuma
nanyovibe sapuneske balonencar
banheira
kada nanyovimaske
copo
tahtai
lava-roupa
makina thovimaske šeja
torneira
češma
azulejos
pločke
penico
turako
pia
lavabo

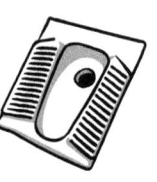

vaso sanitário

toaleti

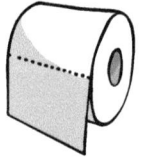

lavabo de agachar

toaleti bešimasa ko pundre

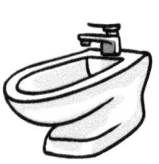

bidê

bide

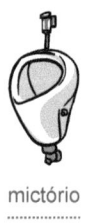

mictório

pisoari

papel higiênico

toaletesko lil

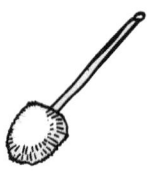

escova de privada

frča toaleteske

escova de dentes

danda thovimaski frča

pasta de dentes

danda thovimaski krema

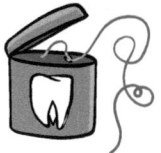

fio dental

dandesko thav

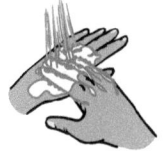

lavar

thovibe danda

ducha de mão

vasteskoro tuši

ducha íntima

tuši

bacia

lavabo

escova para as costas

dumeski frča

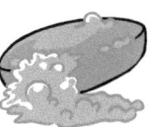

sabonete

sapuni

gel de banho

tuširimasko geli

xampu

šamponi

toalha de rosto

flanela

escoamento

kada ćidimaske pani

creme

krema

desodorante

dezodoransi

espelho

ajna

espelho de mão

vasteski ajna

barbeador

žileti moravimaske

espuma de barbear

moravimaski pena

loção pós-barba

palal muravimaski krema

pente

kanglik

escova

frča

secador de cabelo

feni balenge

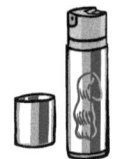

spray de cabelo

sprej balenge

maquiagem

šminka

batom

karmini

esmalte de unhas

oja najenge

algodão

pamuko pošom

tesoura para unhas

kata najenge

perfume

parfemi

nécessaire

gono thovimaske

banquinho

sandaliya

balança

tereziya

roupão de banho

bademantili

luvas de borracha

gumena kalcunya

absorvente interno

tamponi

absorvente íntimo

toaletno lil

banheiro químico

hemikano toaleti

quarto de criança
čhavengi kamara

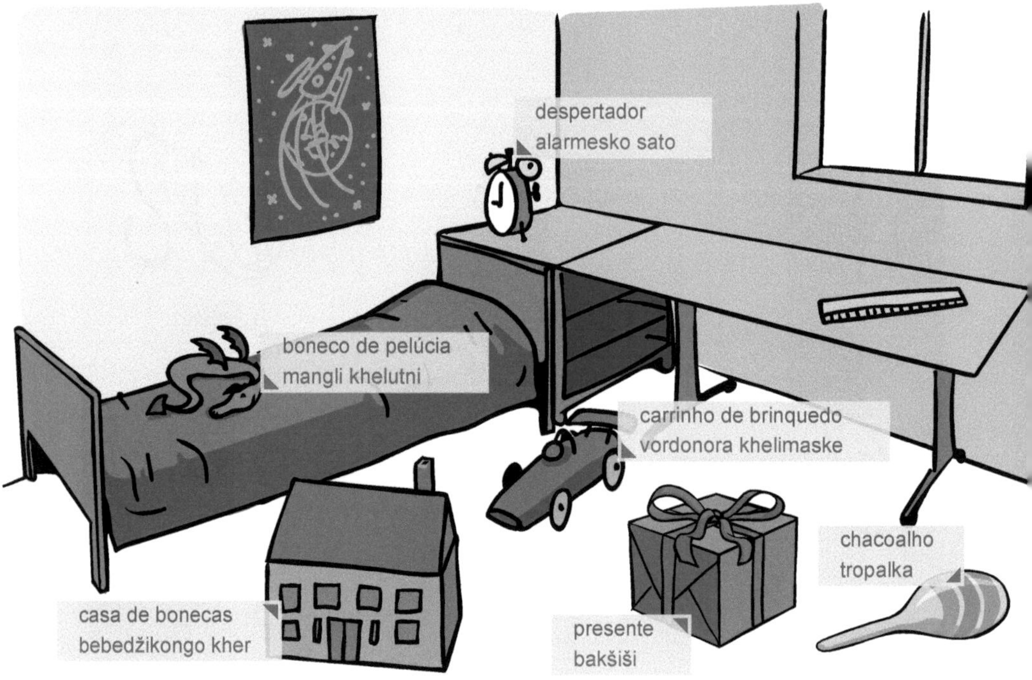
despertador
alarmesko sato
boneco de pelúcia
mangli khelutni
carrinho de brinquedo
vordonora khelimaske
chacoalho
tropalka
casa de bonecas
bebedžikongo kher
presente
bakšiši

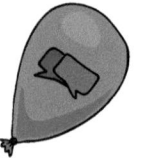

balão

baloni

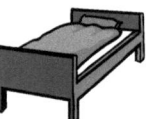

cama

kreveto

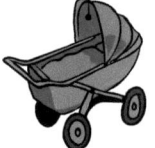

carrinho de bebê

bebengo vordon

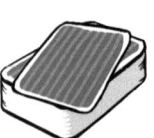

jogo de cartas

špili karte

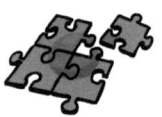

quebra-cabeças

ker-rumin khelin

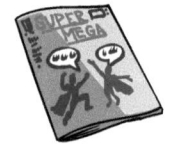

revista de quadrinhos

komikano lil

peças de Lego

lego kocke

blocos de construção

kocke khelimaske

figura de ação

akciaki figura

macaquinho de bebê

bodi bebeske

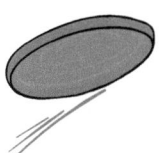

frisbee

frizbi

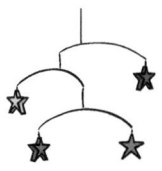

móbile para bebé

mobile

jogo de tabuleiro

masa khelimaske

dados

zari

trenzinho elétrico

pampuri khelimaske

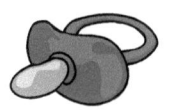

chupeta

cucla

festa

bahlana

livro ilustrado

tasvirengo lil

bola

topka

boneca

bebedžiko

brincar

khelibe

caixa de areia

pošikako than

balanço

kuna

brinquedos

khelimaske butya

videogame

konzola video khelimaske

triciclo

triciklo

ursinho de pelúcia

poftaneski ričini

guarda-roupa

garderoba

vestuário

šeja

meias

kalcunya

meias pelo joelho

khuvde kalcunya

meias-calças

hulahopke

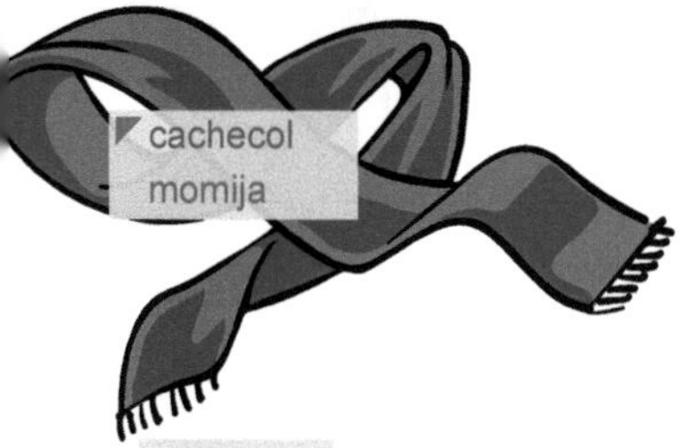

cachecol
momija

guarda-chuva
čadori

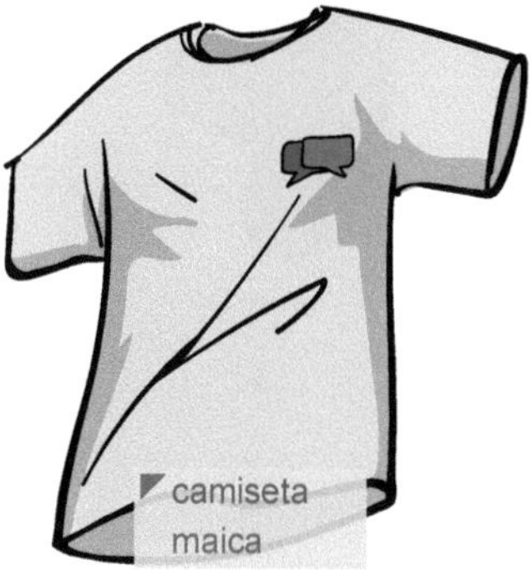

camiseta
maica

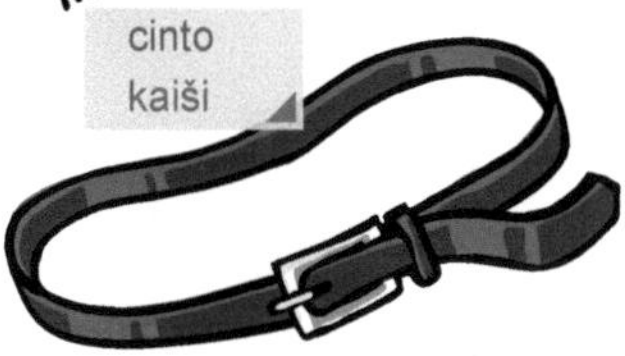

cinto
kaiši

botas
čizme

chinelos
papuče

tênis
trenerke

sandálias
sandale

sapatos
menije

botas de borracha
gumena čizme

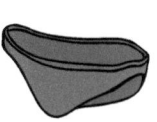

roupa de baixo
sostenya

sutiã
eleko

camiseta de baixo
jeleko

body
bodi

calças
pantalonya

jeans
farmerke

saia
suknya

blusa
bluza

camisa
gat

pulôver
puloveri

suéter com capuz
dukseri

blazer
harno kaputi

jaqueta
džeketi

casaco
kaputi

gabardine
biršimdesko mantili

traje
kostimi

vestido
fustano

vestido de casamento
prandinako fustano

terno

kostumi

camisola

rakjako fustano

pijama

pižame

sari

sari

lenço de cabeça

momija šereske

turbante

turbani

burca

burka

cafetã

kaftani

abaya

abaya

maiô

nangyovimaske šeja

sunga

buxle pantolonya

shorts

harne pantolonya

roupa de treino

sporteske trenerke

avental

kecelya

luvas

vasteske kalcunya

botão

kopča

óculos

gjuzlukya

pulseira

belegziya

colar

mirikle

anel

angrustik

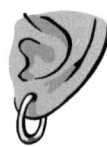

brinco

čeni

boné

stadik

cabide

kaputeski čiviya

chapéu

stadik

gravata

kravata

zíper

patenti

capacete

kaciga

suspensórios

dandenge proteze

uniforme escolar

školaki uniforma

uniforme

uniforma

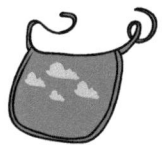

babador

ligarka

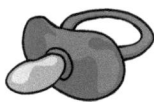

chupeta

cucla

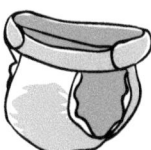

fralda

pherno

escritório

ofiso

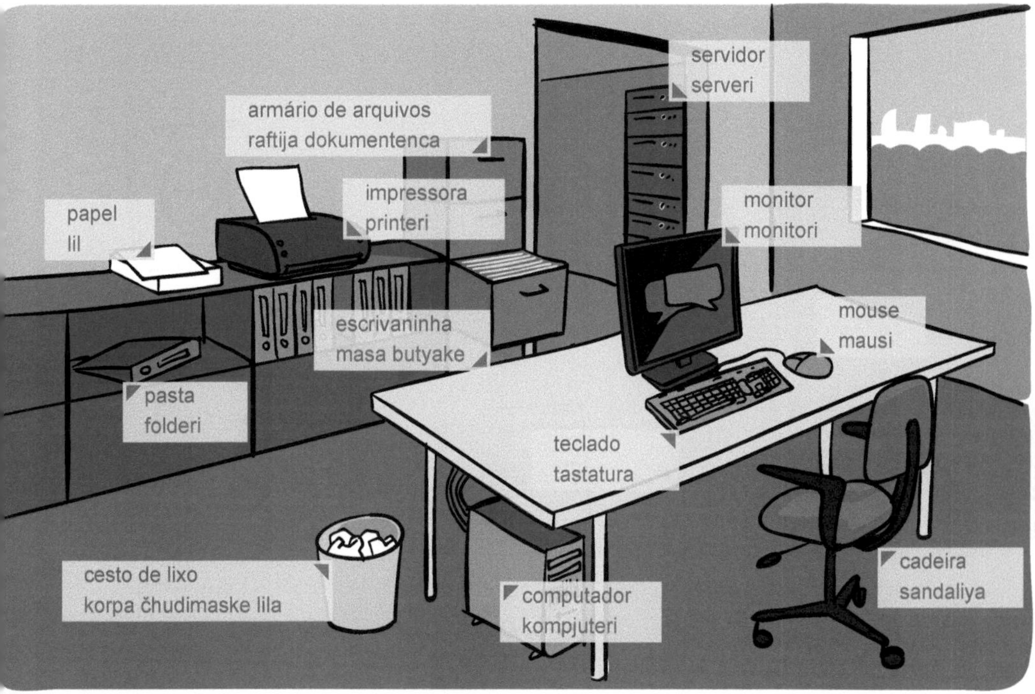
servidor
serveri
armário de arquivos
raftija dokumentenca
impressora
printeri
papel
lil
monitor
monitori
mouse
mausi
escrivaninha
masa butyake
pasta
folderi
teclado
tastatura
cesto de lixo
korpa čhudimaske lila
computador
kompjuteri
cadeira
sandaliya

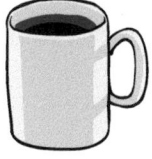

xícara de café

fildžano kafake

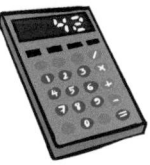

calculadora

kalkulatori

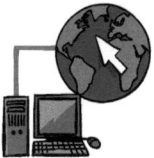

internet

internet

laptop

laptop

carta

lil

mensagem

mesaži

celular

mobilno telefono

rede

netvorko

copiadora

kopirimaski makina

software

softveri

telefone

telefono

tomada

štekeri

fax

faks makina

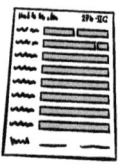

formulário

formulari

documento

dokumento

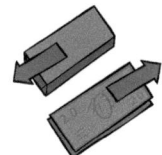

comprar
kinibe

pagar
pokinibe

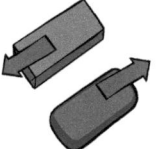

negociar
kino-bikinibe

dinheiro
love

Dólar
dolari

Euro
euro

Yen
jeni

rublo
rublya

franco suíço
švajcariako franko

renminbi yuan
renminbi juan

rupia
rupija

caixa eletrônico
lovengo automati

casa de câmbio

biro baši devize

ouro

somnakaj

prata

rup

petróleo

petroli

energia

energia

preço

fiyati

contrato

kontrakto

imposto

taksa

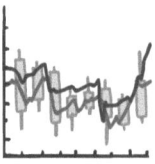

ação

berzaki akcija

trabalhar

butikeribe

empregado

butyarno

empregador

butyako dendutno

fábrica

fabrika

loja

dukyano

profissões

profesie

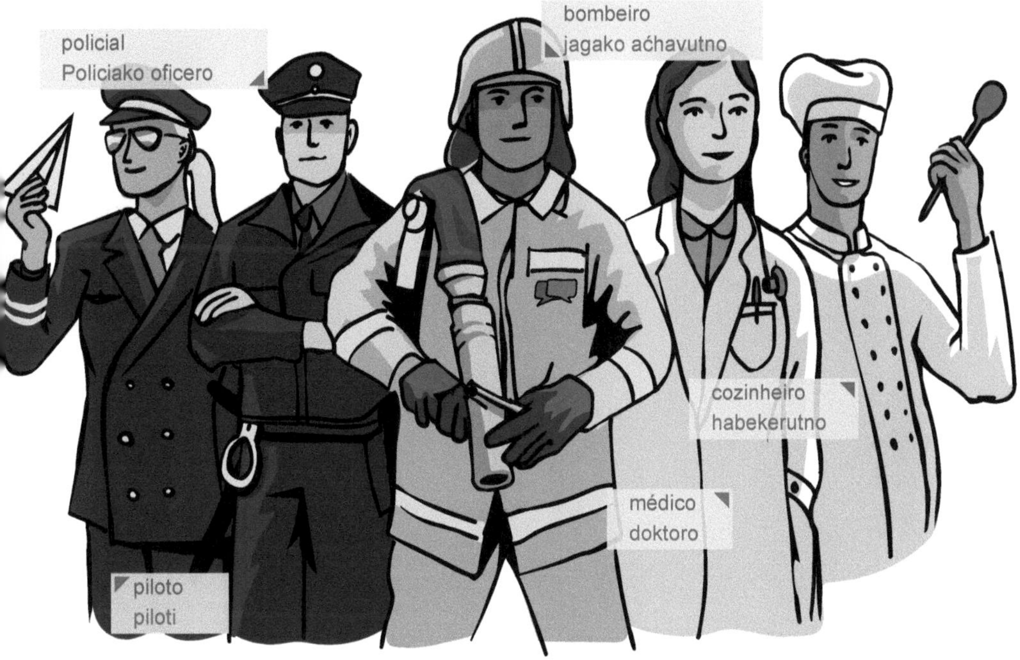

policial
Policiako oficero
bombeiro
jagako aćhavutno
cozinheiro
habekerutno
médico
doktoro
piloto
piloti

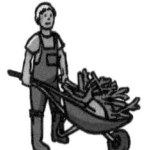

jardineiro

bavčako butyarno

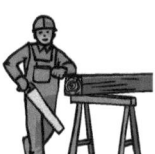

marceneiro

tišleri

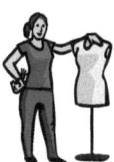

costureira

šnajderka

juiz

krisuno

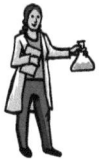

químico

hemičari

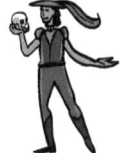

ator

akteri

motorista de ônibus

autobusesko šoferi

motorista de táxi

taksisti

pescador

mačhengo astarutno

faxineira

užarutni

telhador

učharinengo kerutno

garçom

kelneri

caçador

avdžija

pintor

tasvirkerutno

padeiro

furnadžia

eletricista

elektrikako phirno

construtor

tamirutno

engenheiro

inžinjeri

açougueiro

kasapi

encanador

panjesko butyarno

carteiro

poštari

soldado

askeri

arquiteto

arhitekto

caixa

kasieri

florista

luludyari

cabelereiro

frizeri

condutor

kondukteri

mecânico

mekanisti

capitão

kapetani

dentista

dandengo saslyarno

cientista

vigjanalo manuš

rabino

rabini

imam

imami

monge

rašaj

pastor

rašaj

ferramentas
alatia

martelo
čekiči
alicate
silavja
chave de fenda
šrafcigeri
lanterna
fakeli
chave inglesa
mekanikane nahtaria

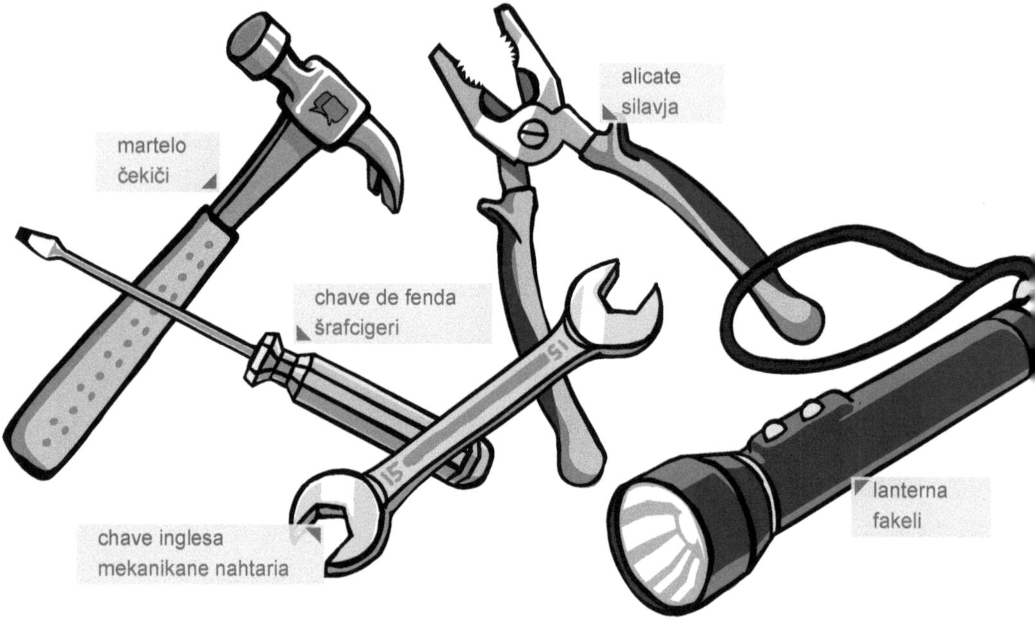

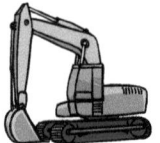

escavadora
hrandimasko alati

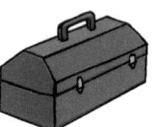

caixa de ferramentas
alateski kutia

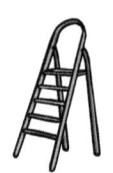

escada de mão
merdeveni

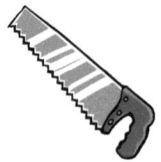

serra
pila

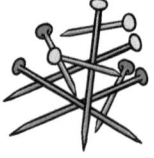

pregos
karfa

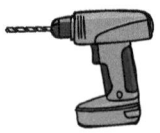

furadeira
posavin

consertar
....
lačharkeribe

pá
....
lopata

Droga!
....
Naleti!

pá de lixo
....
vatrali

pote de tinta
....
lonco bojimaske

parafusos
....
šrafja

instrumentos musicais
muzikane instrumentia

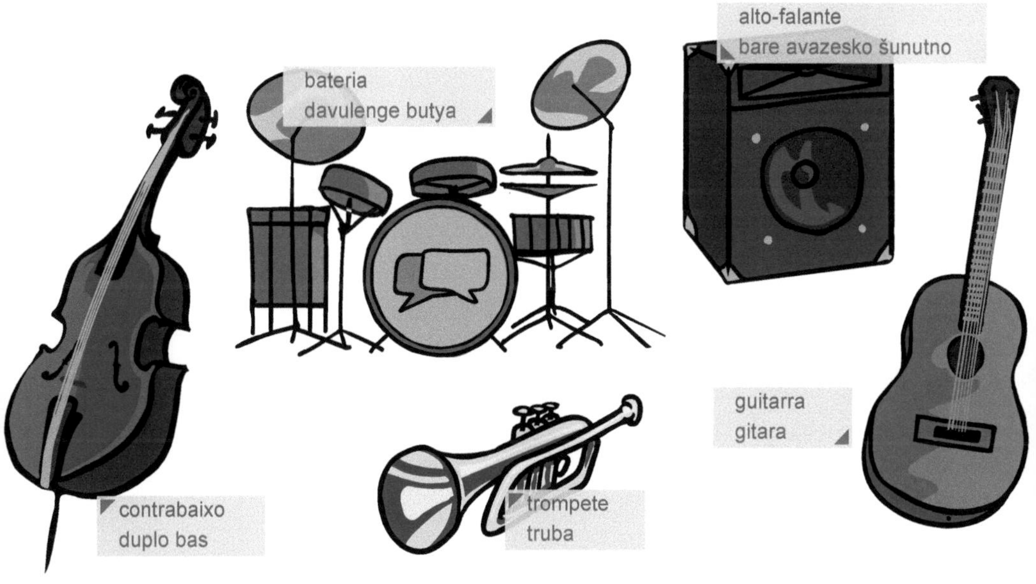

bateria
davulenge butya

alto-falante
bare avazesko šunutno

guitarra
gitara

contrabaixo
duplo bas

trompete
truba

piano
piano

violino
kemana

baixo
bas

timbales
timpani

tambor
davulia

teclado
sintisajzeri

saxofone
saksafoni

flauta
flejta

microfone
mikrofoni

zoológico

zoo

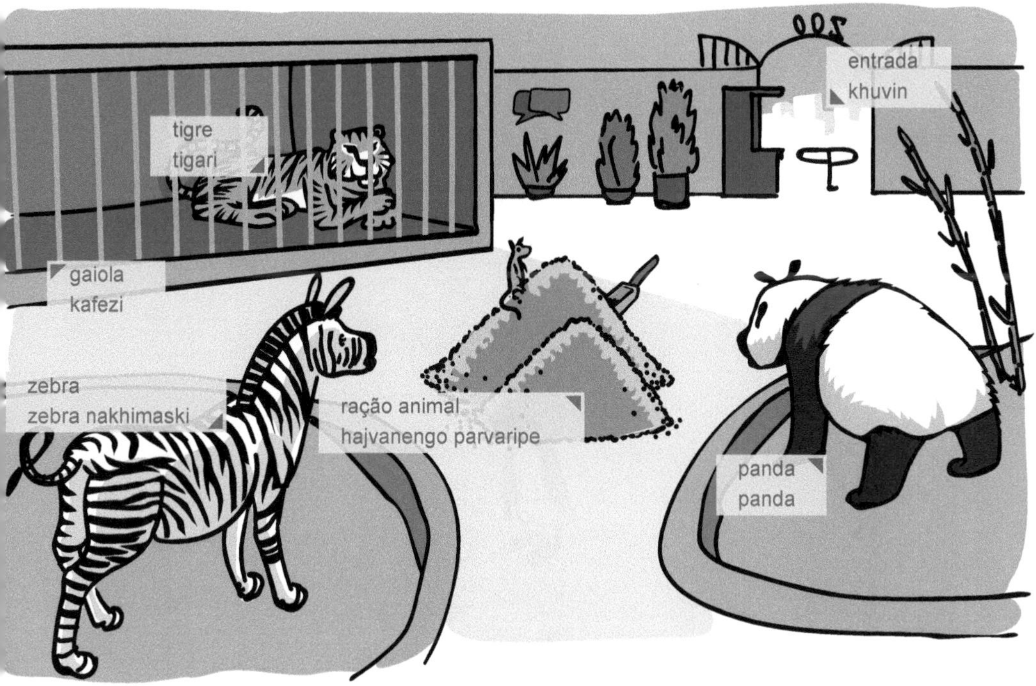

zoo
entrada
khuvin
tigre
tigari
gaiola
kafezi
zebra
zebra nakhimaski
ração animal
hajvanengo parvaripe
panda
panda

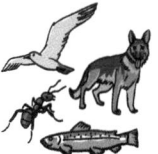

animais

hajvania

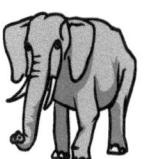

elefante

elefanti

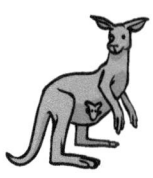

canguru

kenguri

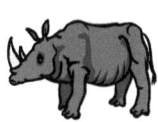

rinoceronte

rino

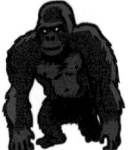

gorila

gorila

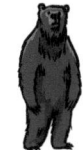

urso

ričini

camelo

kamila

avestruz

ostriga

leão

aslani

macaco

majmuni

flamingo

flamingo

papagaio

papagali

urso polar

polarno ričini

pinguim

pingvini

tubarão

ajkula

pavão

pauno

cobra

sap

crocodilo

krokodilo

guarda do zoológico

zoo arakhutno

foca

foka

jaguar

jaguari

pônei
poni

leopardo
leopardi

hipopótamo
hipo

girafa
žirafa

águia
zorale kandžengi paškin

javali
bali

peixe
mačho

tartaruga
želka

morsa
morži

raposa
lumri

gazela
gazela

futebol americano
Amerikako fudbali

ciclismo
biciklizmo

tênis
tenis

basquete
basketboli

natação
nangjovibe

boxe
boksi

hóquei no gelo
hokej ko paho

futebol
fudbali

badminton
badmington

atletismo
atletika

handebol
vasteskoboli

esqui
skiibe

polo
polo

atividades
aktivitetia

rir
asaibe
pular
hutibe
abraçar
deibe angali
andar
phiribe
cantar
giljavibe
sonhar
dikhibe suno
rezar
azirikeribe
beijar
čumibe

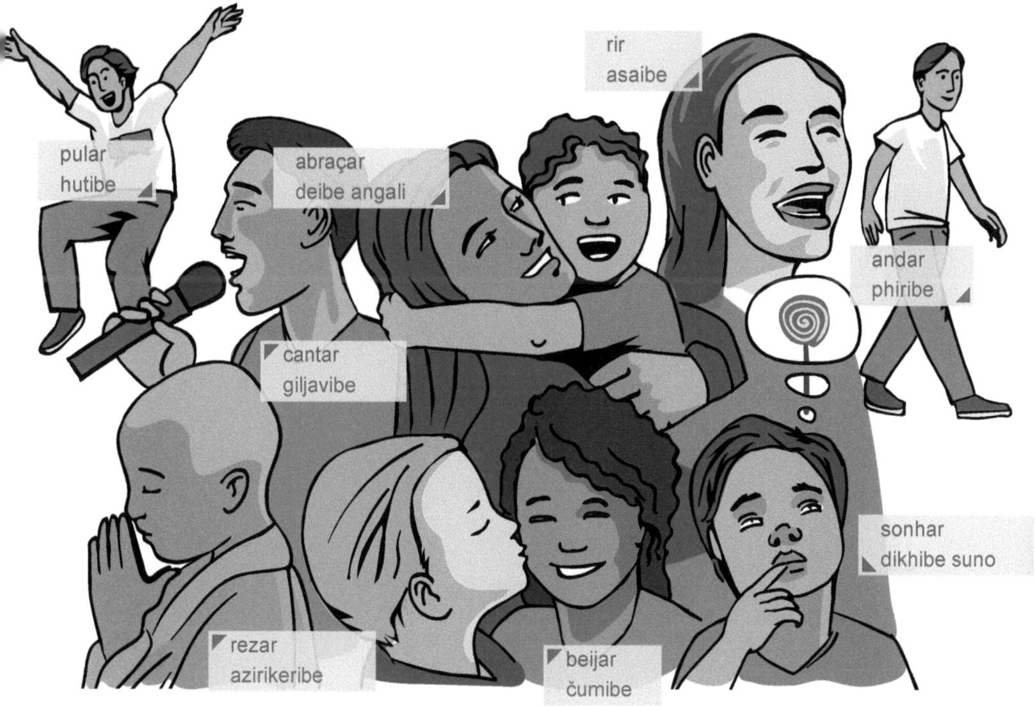

escrever

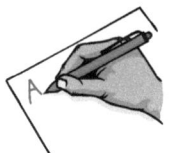

hramovibe

desenhar

čitribe

mostrar

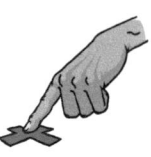

sikavibe

empurrar

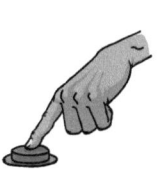

cidljaribe

dar

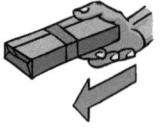

deibe

tomar

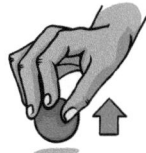

leibe

ter

isibe

fazer

keribe

ser

te ovel

ficar de pé

tergyovibe

correr

prastaibe

puxar

cidibe

jogar

čhudibe

cair

peribe

deitar

hovavibe

esperar

adžikeribe

carregar

phiravibe

sentar

bešibe

vestir

urjavibe

dormir

sovibe

despertar

džangavibe

olhar para

dikhibe ko

chorar

rovibe

acariciar

čalavibe

pentear

uhlavibr

falar

vakeribe

entender

haljovibe

perguntar

puč

ouvir

šunibe

beber

piibe

comer

habe

arrumar

užaribe

amar

kamibe

cozinhar

keribe habe

dirigir

paldibe vordon

voar

urjalibe

velejar

vaporea džaibe

calcular

kalkulirin

ler

drabaribe

aprender

sikljovibe

trabalhar

butikeribe

casar

prandibe

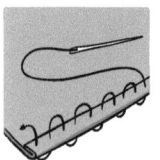

costurar

suvibe

escovar os dentes

thovibe danda

matar

mudaribe

fumar

piibe dahani

enviar

bičhalibe

família
familiya

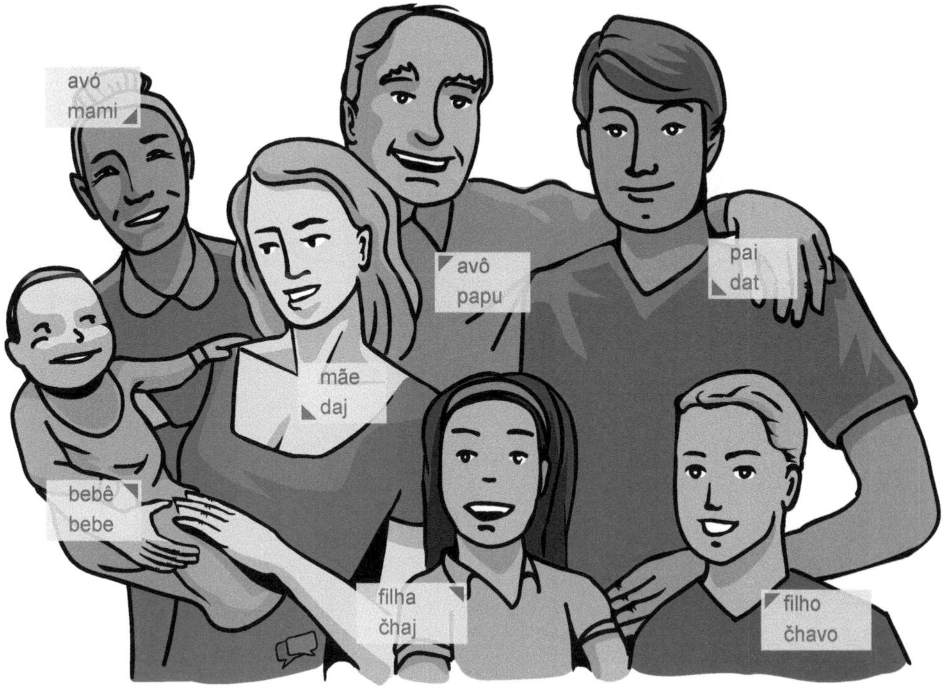

avó
mami
avô
papu
pai
dat
mãe
daj
bebê
bebe
filha
čhaj
filho
čhavo

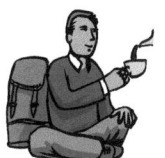

convidado

misafiri

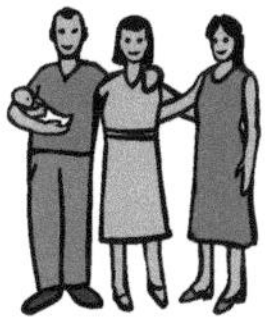

tia

bibi

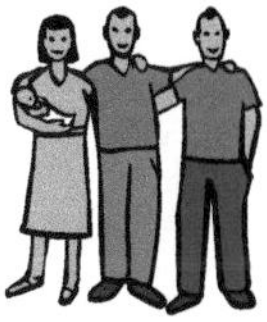

tio

kako

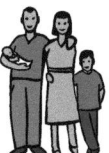

irmão

phral

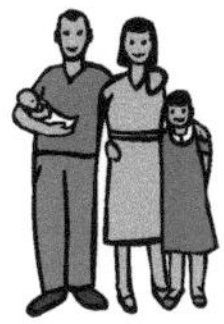

irmã

phen

corpo
trupo

testa
čekat
olho
jakh
ombro
piko
dedo
naj
rosto
muj
queixo
vilica
mão
vast
perna
pundro
peito
čuči
braço
musik

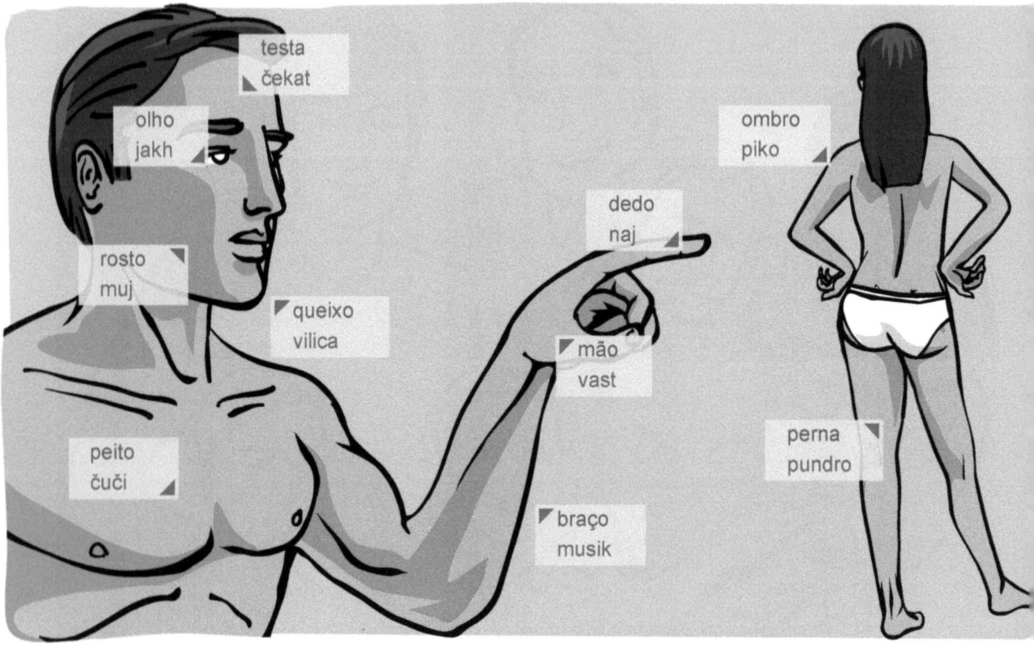

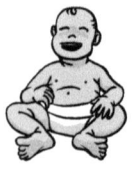

bebê

bebe

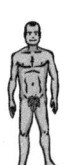

homem

murš

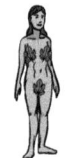

mulher

džuvli

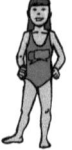

menina

čhaj

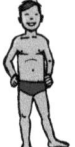

menino

ćhavo

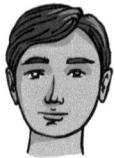

cabeça

šero

costas

dumo

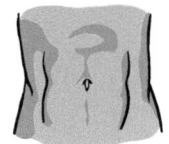

barriga

maškar

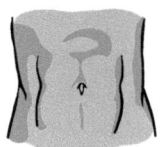

umbigo

pupko

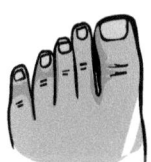

dedo do pé

pundrenge naja

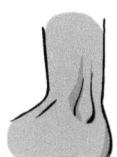

calcanhar

patum

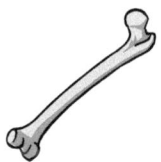

osso

kokalo

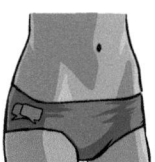

anca

kuko

joelho

koč

cotovelo

lahci

nariz

nakh

nádegas

bul

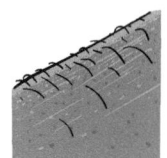

pele

mortik

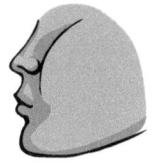

bochecha

čham

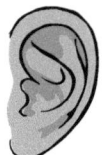

orelha

kan

lábio

voš

boca

muj

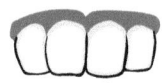

dente

danda

língua

ćhib

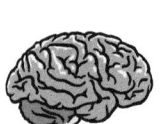

cérebro

godi

coração

vilo

músculo

muskulo

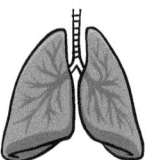

pulmão

kolin

fígado

buko

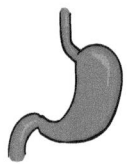

estômago

vogi

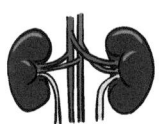

rins

bubrekora

relações sexuais

seks

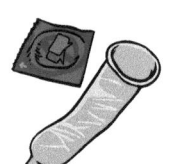

preservativo

kondomi

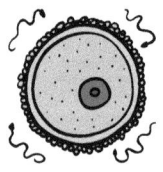

óvulo

yarengi kletka

esperma

sperma

gravidez

khamnipe

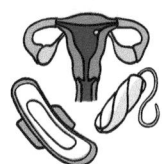

menstruação

menstruaciya

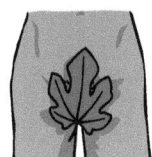

vagina

vagina

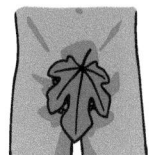

pênis

penis

sobrancelha

phov

cabelo

bala

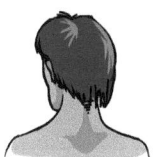

pescoço

men

hospital
hospitalo

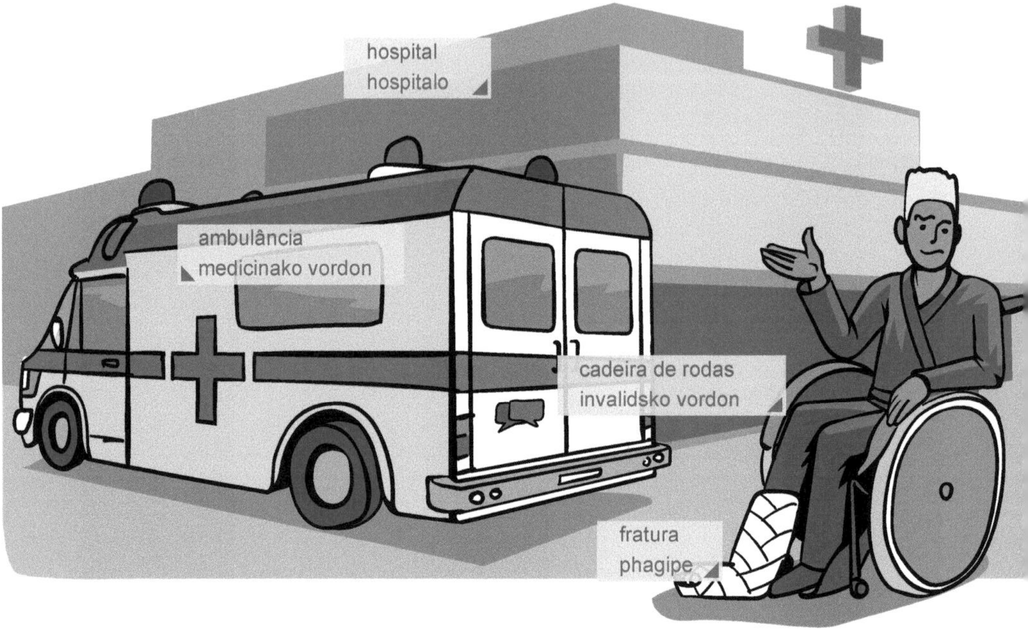

hospital
hospitalo
ambulância
medicinako vordon
cadeira de rodas
invalidsko vordon
fratura
phagipe

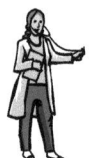

médico

doktoro

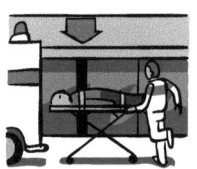

pronto-socorro

sigyarimaski kamara

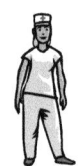

enfermeira

medicinaki phen

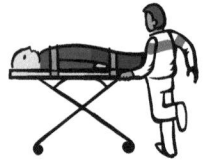

emergência

sigyaripen

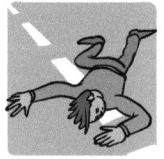

inconsciente

ki koma

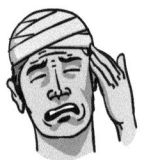

dor

dukh

ferimento

dukhavipen

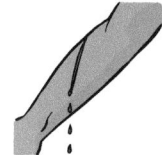

hemorragia

ratvaripe

ataque cardíaco

infrakto

acidente vacular cerebral

šlog

alergia

alergiya

tosse

khuinibe

febre

tinanipe

gripe

gripa

diarreia

diyarea

dor de cabeça

šereski dukh

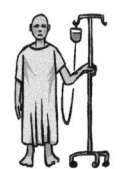

câncer

kanceri

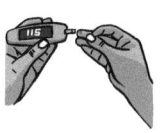

diabetes

diyabetes

cirurgião

operaciya

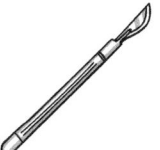

bisturi

skalperi

operação

operaciya

CT
CT

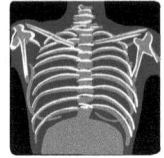

raio x
rentgen

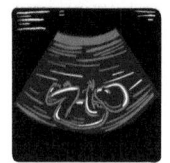

ultrassom
ultra avazo

máscara
mujeski maska

doença
nasvalipe

sala de espera
adžukyarimasko than

muleta
paterica

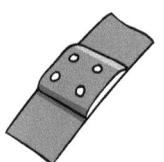

bandeide
flastero

ligadura
phandimaski gaza

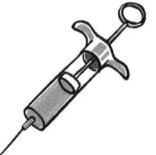

injeção
inyekciya

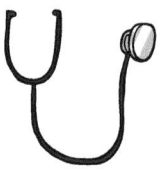

estetoscópio
stetoskopo

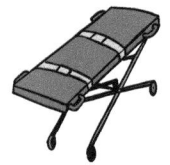

maca
tregero

termômetro
klinicko termometro

nascimento
biyanipe

excesso de peso
baro thulipe

aparelho auditivo

ašunimasko aparato

desinfetante

dezinfekciako

infecção

infekciya

vírus

viruso

HIV / AIDS

HIV / SIDA

medicamento

medicina

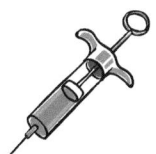

vacinação

vakcinaciya

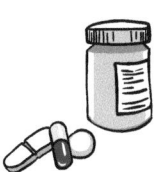

comprimidos

tabletura

pílula

hapi

chamada de emergência

sigyarimasko akharipe

dispositivo de medição de
pressão arterial

monitori vaš učo pretisak

doente / saudável

nasvalo / sasto

Socorro!

Mažutisar!

alarme

alarmo

assalto

atako

ataque

atako

perigo

dar buti

saída de emergência

sigyarimasko iklyovipen

Fogo!

Bari jag!

extintor de incêndios

mamuj jagako aparati

acidente

bibax

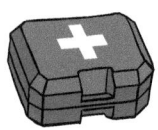

maleta de primeiros socorros

butya avgo ažutimaske

SOS

SOS

polícia

Policia

Europa

Evropa

América do Norte

Utarali Amerika

América do Sul

Purabali Amerika

África

Afrika

Ásia

Azija

Austrália

Australia

Atlântico

Atlantiko

Pacífico

Pacifiko

Oceano Índico

Indiako Okeano

Oceano Antártico

Antarktikosko Okeano

Oceano Ártico

Arktikosko Okeano

Polo Norte

Utaralo poli

Polo Sul

Purabalo poli

Antártica

Antarktiko

Terra

phuv

terra

phuv

mar

samudra

ilha

džaziri

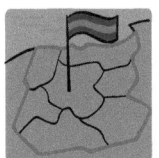

nação

nacija

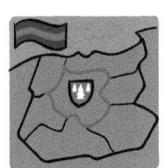

estado

raštra

mostrador do relógio

saatosko gendo

ponteiro das horas

saatoski sikavni

ponteiro dos minutos

dakikongi sikavni

ponteiro dos segundos

sekundarno saatoski sikavin

Que horas são?

Kozom si o saato?

dia

dive

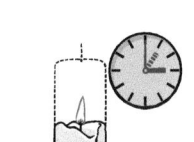

tempo

vrama

agora

akana

relógio digital

digitalno saato

minuto

dakika

hora

časo

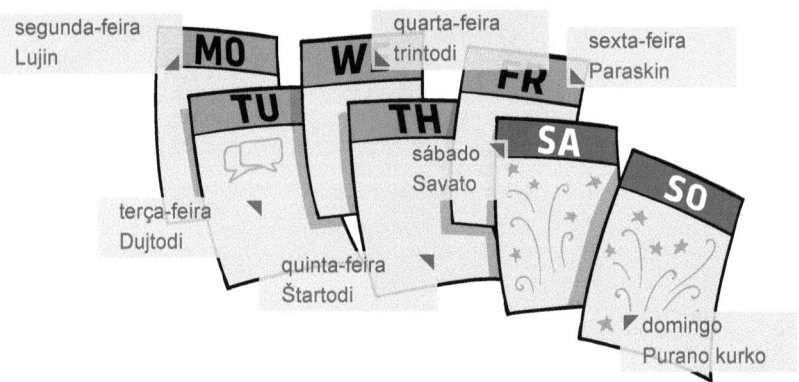

segunda-feira
Lujin

quarta-feira
trintodi

sexta-feira
Paraskin

terça-feira
Dujtodi

sábado
Savato

quinta-feira
Štartodi

domingo
Purano kurko

ontem
erati

hoje
avdive

amanhã
tajsa

manhã
javin

meio-dia
ekvaš dive

entardecer
blevel

dias úteis
butyarne divesa

fim de semana
vikend

ano
berš

chuva
biršim
arco-íris
renkali badalin
neve
iv
vento
bavlal
primavera
anglonilaj
outono
palonilaj
verão
nilaj
inverno
ivend

4.APRIL 11°
5.APRIL 4°
6.APRIL 13°
7.APRIL 8°
8.APRIL 10°

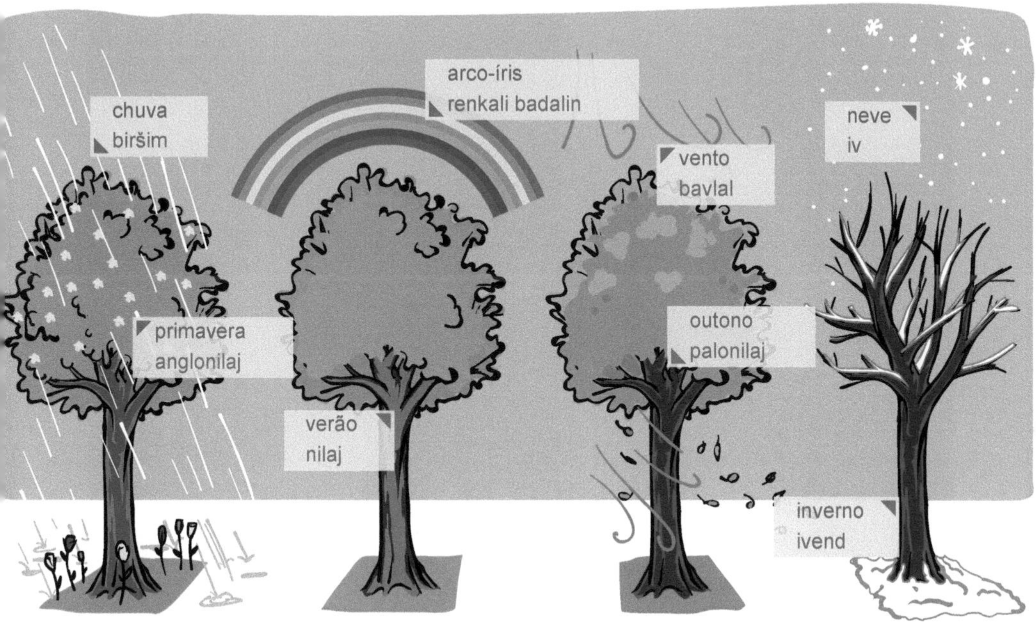

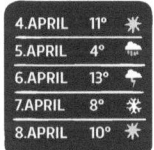

previsão do tempo

vramakoro vakeribe

F C
120 40
90 30
60 20
30 10
0 0
-30 -10
-20

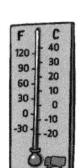

termômetro

termometro

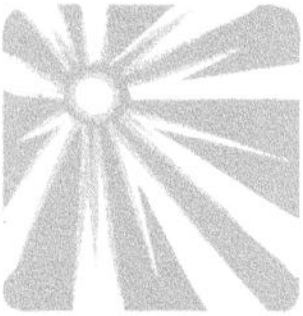

raio de sol

khamalo

nuvem

badal

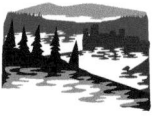

neblina / nevoeiro

muhi

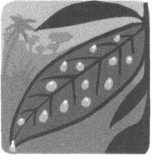

umidade do ar

nemlime hava

relâmpago
šemšekoja

trovão
šemšekosko čalavibe

tempestade
bura

granizo
kijameti

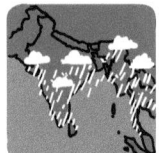

monção
monsuni

inundação
baro pani

gelo
paho

janeiro
Januaro

fevereiro
Februaro

março
Marto

abril
Aprilo

maio
Majo

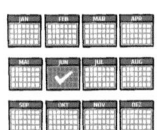

junho
Juno

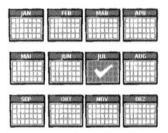

julho
Julo

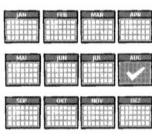

agosto
Augusto

ano - berš

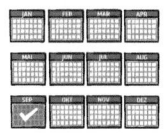

setembro
....
Septembro

outubro
....
Oktombro

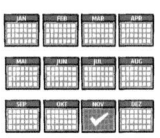

novembro
....
Novembro

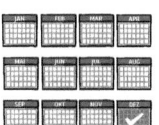

dezembro
....
Dekembro

formas
forme

círculo
....
rota

quadrado
....
kvadrati

retângulo
....
rektanglo

triângulo
....
trianglo

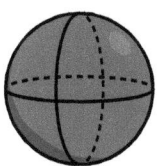

esfera
....
sfera

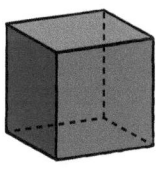

cubo
....
kocka

branco
....
parni

amarelo
....
galbeno

laranja
....
pomarandža

rosa
....
roze

vermelho
....
loli

lilás
....
lila

azul
....
vunato

verde
....
harjali

marrom
....
kafeno

cinza
....
kuršumlija

preto
....
kali

muito / pouco
······················
but / hari

furioso / tranquilo
······················
holjame / mudro

lindo / feio
······················
šuži / bišuži

começo / fim
······················
starto / agor

grande / pequeno
······················
baro / tikno

claro / escuro
······················
puterde bojako / phanle bojako

irmão / irmã
······················
phral / phen

limpo / sujo
······················
užo / melalo

completo / incompleto
······················
sahno / bisahno

dia / noite
······················
dive / rat

morto / vivo
······················
mulo / dživdo

largo / estreito
······················
buvlo / tank

comestível / não comestível

hala pe / na hala pe

mau / gentil

džungalo / šukar

entusiasmado / entediado

bare vogjea / bi vogjea

gordo / magro

thulo / kišlo

primeiro / último

avgo / paluno

amigo / inimigo

amal / dušmani

cheio / vazio

pherdo / čučo

duro / macio

zoralo / kovlo

pesado / leve

pharo / lokho

fome / sede

bokh / truš

doente / saudável

nasvalo / sasto

ilegal / legal

ilegalno / legalno

inteligente / idiota

godyaver / bigodyako

esquerda / direita

bajan / dahin

perto / longe

paše / dur

novo / usado

nevo / purano

nada / alguma coisa

khanči / vareso

velho / jovem

phuro / terno

ligado / desligado

phabardo / ačhavdo

aberto / fechado

puterdo / phanlo

baixo / alto

mudro / bare avazeskoro

rico / pobre

barvalo / čorolo

certo / errado

čačutno / došalo

áspero / liso

zoralo / kovlo

triste / feliz

mazuni / lošalo

curto / longo

skurto / lungo

lento / rápido

pohari / sigate

molhado / seco

sapano / šuko

ameno / fresco

tato / šudro

guerra / paz

mareba / sansari

0	**1**	**2**
zero	um	dois
zero	jek	duj

3	**4**	**5**
três	quatro	cinco
trin	štar	panč

6	**7**	**8**
seis	sete	oito
šov	efta	ohto

9	**10**	**11**
nove	dez	onze
enja	deš	dešujek

12

doze

dešuduj

13

treze

dešutrin

14

quatorze

dešuštar

15

quinze

dešupanč

16

dezesseis

dešušov

17

dezessete

dešefta

18

dezoito

dešohto

19

dezenove

dešenja

20

vinte

biš

100

cem

šel

1.000

mil

milja

1.000.000

milhão

milioni

inglês
Anglicko

inglês americano
Americko Anglicko

chinês mandarim
Kinesko Mandarinsko

hindi
Indisko

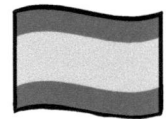

espanhol
Špansko

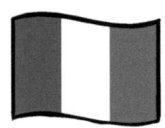

francês
Francusko

árabe
Arapsko

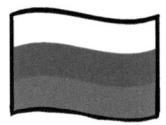

russo
Rusko

português
Portugalsko

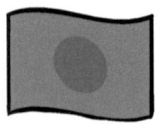

bengalês
Bengalsko

alemão
Nemicko

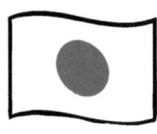

japonês
Japansko

eu

thaj

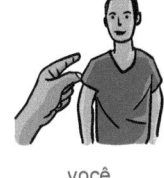

você

tu

ele / ela

ov / oj

nós

amen

vocês

tumen

eles / elas

ola

quem?

ko?

O quê?

so?

como?

sar?

onde?

kote?

Quando?

kana?

nome

anav

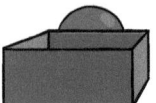

atrás

palal

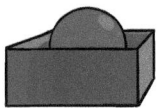

em

andre

na frente de

anglal o

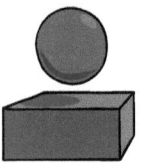

sobre

upral

em cima

an

debaixo

telal

do lado

trujal

entre

maškaral

lugar

than